Artemis Bibliothek

Sappho

Untergegangen der Mond

Sappho

Untergegangen der Mond

Lieder und Strophen

Ausgewählt aus dem Griechischen
und neu übertragen
von Michael Schroeder

Artemis & Winkler

Artemis Bibliothek
Herausgegeben von Franz-Heinrich Hackel

Titelvignette: Kithara stimmendes Mädchen von einer weißgrundigen Schale im Louvre, vgl. Mon Piot II Tf. 5

Die Deutsche Bibliothek verzeichnet diese Publikation in der Deutschen Nationalbibliographie; detaillierte bibliographische Daten sind im Internet unter http://dnb.ddb.de abrufbar.

Artemis Bibliothek
Erste Auflage 2006

Umschlagabbildung: Amor und Psyche,
Statue von Antonio Canova (1793), Villa Carlotta,
Como (Italien), © Bettmann/CORBIS
Umschlaggestaltung:
Groothuis, Lohfert, Consorten / glcons.de
Druck und Bindung: Clausen & Bosse, Leck
ISBN 3-538-06318-4
www.patmos.de

INHALT

LIEDER UND STROPHEN
DES
ERSTEN BUCHES

Auf schillerndem Thron, unsterbliche Aphrodite,
listiges Zeuskind, ich bestürme dich:
Nicht mit Gram und innerer Leere brich mir,
  Herrin, das Herz.

Nein: Wenn du jemals mein Rufen
vernahmst, wie von weit her,
dann eile zu mir, das goldene Haus
  deines Vaters verlassend.

Hochgeschirrt war dein Wagen; Spatzen
zogen ihn zum dunklen Erdenrund,
flugs, vom Himmel hoch,
  hin durch den Luftraum.

Geschwind ward ihr! Du, Selige,
ein Lächeln auf ewigem Angesicht,
frugst, was ich litte, daß
  ich dich wiederum riefe?

Was wollte mein rasendes Herz
so sehr, daß es geschähe: »Wen wünschst
du diesmal zugeführt in deine Liebe?
  Wer tut dir, Sappho, weh?

Flieht die Person: Folgen muß sie!
Verschmäht deine Gaben: Schenken wird sie!
Liebt dich nicht: Geschwind muß sie lieben,
 auch wenn sie nicht will!«

Komm zu mir auch heute!
Aus schweren Nöten erlöse mich!
Was ich wünsche, das gewähre!
 Du aber sei mir Kameradin!

Herab vom Himmel
steige …

Komm hierher nun, zum unbefleckten Heiligtum
von Kretern, in einen schönen Hain von
Apfelbäumen,
darin auf den Altären
Weihrauchwolken verwehen.

Hier murmelt unter Apfelzweigen
ein kühler Quell, und Rosensträucher
spenden Schatten allerorten; von zitternden
Blätterspitzen
tropft Seligkeit herab.

Hier grünt die Pferdsweide
frühlingshaft und satt, und Pimpinellen
duften süß wie Honig …
…

Komm nun, nimm an die Priesterbinde, Kypris,
und in goldene Becher, reichlich
dem Wein beigemischt, gieße uns Nektar
als festlichen Trank.

Kypris und ihr Nereustöchter im Meer! Laßt heil
mir meinen Bruder wieder hergelangen!
Was sein Sinn begehrt, daß es geschähe,
laßt all das in Erfüllung gehen!

Seine alte Schuld, die möge er einlösen!
Den Freunden eine Freude soll er werden
und Bitternis den Feinden: Als Feind mag
uns nimmermehr keiner erstehen!

Dann möchte er seiner betrübten Schwester
die Ehre erweisen: den Kummer, woran er selbst litt
und womit er mein Herz bitter gebeugt,
den soll er vertreiben.

Ich hörte den Klatsch: ein Messer ins Herz,
heute, im heiteren Festgetümmel der Leute.
Glaubte ich doch für kurze Zeit, ich hätt es
verwunden:
Um so heftiger packt es mich wieder …

Also höre mich, Göttin! Wenn ich mit meinen
Liedern
je das Herz dir erwärmte, dann, Kypris,
versenke alle Schrecken ins Unergründliche der
Nacht,
und halte Leid von uns fern.

Kypris, ich bitte dich, Göttin, Selige!
Schenke meinem Bruder eine gute Fahrt!
Reiß ihn aus seinem Elend ...
...

Was er einst gefehlt hat, das löse
...
und laß ihn glücklich den sicheren Hafen
erreichen ...

Kypris, dich finde Doricha als bitterste Feindin,
nicht mehr prahlen soll sie mit solchen Reden,
er sei ein zweites Mal, sehnlich
liebend, gekommen.

Kypris, laß mit großem Glück, so bitte ich,
meinen Bruder in den Hafen kommen
und wieder unversehrt das dunkle Land
gewinnen.

Mit deiner Hilfe pflegen die Seeleute
ganz ohne Furcht vor großen Stürmen
das Meer zu kreuzen bis zum Festland,
...

... von woher sie auch segeln.
Heile Landungen gewähre!

Laß nicht in Wallung gegen mich, die Schwester,
dein Herz mit Blindheit schlagen. Denn mein
Gemüt
ist nicht so heiß zu zürnen
gestimmt …
Nein: Zweifle nicht …
… ich verstehe …
… deines Elends …

Sagt der eine die Kavallerie,
meint der andere Infanterie,
antwortet der dritte die Flotte,
sei auf dunklem Erdenrund das Schönste.
Ich aber sage:
das, was man lieb hat!

Wie einfach ist es, jedermann
das zu erklären: Denn Helena, an Schönheit viele
Menschen überstrahlend, verließ ihren Mann,
einen der besten,

stieg in ein Schiff, um nach Troja zu segeln,
dachte nicht an ihr Kind, nicht an ihre lieben
Erzeuger
nur ein einziges Mal; nein, es entführte sie,
die ihr nicht widerstand,

Kypris. Denn das Herz ist wie Wachs in den
Händen der Göttin, lenkbar der Menschen
Verstand.
Da mußte ich eben an Anaktoría denken,
daß sie nicht hier ist.

Deren anmutige Schritte ich liebend gern
sähe und das Leuchten auf ihrem Gesicht,
viel lieber als die Kavallerie der Lyder und
waffenstarrende Infanterie im Kampf.

Mir, der Betenden, nahe zu sein,
Herrin Hera, in Anmut deiner Gestalt,
erbitt ich, so wie es sich einst erbaten der
Atriden berühmte Könige.

Als diese nämlich des Ares Kriegswerk
vollendet und sich zuerst von da
nach hierher aufgemacht, da konnten
sie nicht nach Argos zurück,

nicht, ehe sie dich und Zeus, der frische Brisen
schickt,
und den verführerischen Jungen der Thyone
gerufen.
Auch heute noch,
nach alter Weise,

geschieht Heiliges, und schöne Reigen
tanzen die Mädchen
um deinen Altar …
…

… gnädig sei,
Hera, laß mich heimfahren …

Warst selbst einst ein zartes Kind,
zum Tanzschritt erklang deine Stimme.
All das bedenke, und aus vollem Herzen sei unser
ganzes Entzücken!

Ziehen wir also zur Hochzeit hin, du weißt es
wohl gut: Schleunigst schicke
die Mädchen davon, die Götter
mögen es ewig dir lohnen!

Es ist da kein Weg zum hohen Olymp
für uns Menschen.

Dich rufe ich, Gongyla,
erscheine! In einem Kleid,
weiß wie Milch: Da umwehen dich
wieder Reiz und Verführung,

du Schöne. Denn allein dein Hemd
zu sehn, ist erregend. Mich aber freut es.
Und selbst sie fand kein tadelndes Wort,
die zyperngebürtige Aphrodite,

als zu erbitten,
daß dies dir werde …
Ich aber will …

Seh ich dich so vor mir, möchte ich
dich, eine so Schöne, keinesfalls
mit Hermione, eher mit der blonden Helena
vergleichen.
Ungehörig, für Sterbliche! Doch wisse
in deinem Herzen: Aller Sorgen würdest du mich …

Bedrängt …
denn welchen auch
Gutes ich tu, die sind mir
zumeist von allen
zum Schaden.

In die Nacht hinein
feiern die Mädchen;
singen von deiner Liebe und
von der Liebe deiner Braut,
der veilchenbusigen.

Wirst du wieder geweckt, Bräutigam,
so schreite zu deinen Gefährten.
Wir aber wollen später noch
als die lauten Vögel im Morgenhell
schlafen gehen.

Unterhalte dich mit ihm und sei ihm
freudig zu Gefallen!
Denn, wie du wohl weißt,
gehen wir nun heim.
Schick die Mädchen fort!
Die Götter aber mögen
für euch nur Gutes planen!

Er zeigt sich mir den Göttern gleich,
der Mann, der Aug in Auge bei dir sitzt,
und so, ganz nah, deinen leisen Worten lauscht,

deinem verlockenden Lachen. Mir aber steht das
Herz still
in der Brust. Erheb ich meinen Blick nur kurz
zu dir: Kein Sterbenswörtchen will
mehr über

meine schwere Zunge, wie festgefroren. Dann:
feines Feuer unter meiner Haut entlang,
meine Augen, verdorben, schauen nicht,
ein Rauschen ist in den Ohren;

Schweißperlen rinnen an mir herab, das Zittern
erfaßt meine Glieder, fahler als Heu
bin ich: Verstorben – wenig fehlt daran –
fühl ich mich, Agallis.

Doch läßt sich alles ertragen, denn …

Sie, die mir die Ehre gab,
mir ihre Kunst
auszuleihen …

Aphrodite mit Gold zu bekränzen,
wenn ich das Los als meines erwürbe …

Sterne, um den schönen Mond gesteckt,
verbergen ihr strahlendes Gesicht,
wenn er, gerundet, am stärksten leuchtet,
über schwarze Erde,
… silbern.

Voll Verlangen bin ich, voll Begierde …

Um meiner Tränen willen
sollen Winde ihn umtreiben
und seine Sorgen.

Auf glühenden Kohlen läßt du mich …

Die Füße aber
verbargen bunte Pantoffel:
Lydische
schöne Arbeit.

Dir auf den Altar
eine weiße Ziege von mir …

Euch Schönen bleiben
meine Gedanken;
    stets ganz unverwandelt …

Kälte nistete sich ein in ihren Herzen,
die Fittiche lassen sie hängen …

Still wälzt …
Mattigkeit den Sinn …
läßt sich nieder …
Erhebt euch doch, ihr Lieben,
… denn der Festtag ist nahe.

LIEDER UND STROPHEN
DES
ZWEITEN BUCHES

Als Herold kam gelaufen
Idaios, und überbrachte Unerhörtes,
der schnelle Bote: »(Es naht dem Land Ilion)
und dem übrigen Asien ewiger Ruhm:
Hektor und seine Gefährten
führen die Glanzäugige
vom heiligen Theben,
aus dem fruchtbaren Plakia her,
die behütete Andromache, in Schiffen,
über das salzige Meer, dazu
viel Geschmeide aus Gold, Purpurgewänder,
fein wie ein Hauch, und bunten Putz,
unzählige silberne Becher,
Dinge aus Elfengebein!«
So sprach er. Schnell sprang der
Vater, der liebe, auf.
Das Gerücht machte die Runde,
durch die weiträumige Stadt,
hin zu den Freunden.
Flugs spannten die Ilier an:
schirrten Maulesel vor
schönrädrige Karren, und
auf stieg die ganze Schar,
alle miteinander, Frauen und Mädchen;
gesondert jedoch die Töchter des Priamos.
Pferde spannten die Männer vor die Wagen.
Alle Jungen, weithin (sichtbar) …,

als Kutscher auf dem Bock.
…
…
(So eilten sie zum Gestade des Meeres;
da kamen vom Schiff
schon Braut und Bräutigam) gleich Göttern;
(sie sangen Lieder,) heilige; alle zusammen
brachen sie auf nach Ilion.
Und schmeichelnde Flöten mischten sich
mit der Zither, mit rasselnden Klappern.
Da sangen Mädchen klar und hell
ein Weihelied, hinauf zum Himmel stieg
das Echo göttlichen Klangs,
und Lachen erhob sich.
In allen Gassen war (Volk),
Mischkrüge und Schalen;
aus Myrrhe, Zimt und Weihrauch
vermischten sich Düfte.
Betagte Weiber frohlockten
mit Kreischen,
alle Männer aber hoben an
zum herrlichen Hochgesang,
riefen Paian, den mit dem Bogen,
den guten Lyraspieler,
priesen Hektor und seine Andromache
den Göttern gleich.

Ich aber, in weiche Kissen dich bettend,
löse deine Glieder ...

Eros schüttelt mir wieder die Sinne,
so wie ein Sturm von den Bergen herab
in die Eichen fällt.

Du kamst, schön!
Bist wirklich gekommen!
Mir aber, voll Verlangen nach dir,
hast du im Herzen das Brennen
der Sehnsucht gekühlt.

Zwar habe ich dich, Atthis,
seit langem schon
liebgewonnen
...
zu klein erschienst du mir,
noch ein Mädchen, ganz reizlos.

Denn es ist der Schöne,
wenn man ihn sieht,
schön;
doch der Gute,
auch unbesehen,
wird er ein Schöner sein.

Weiß nicht, was ich tun soll:
Habe zwei Seelen …

In den Himmel sich strecken,
versag ich meinem Unglücksarm …

LIEDER UND STROPHEN
DES
DRITTEN BUCHES

Rosenarmige, heilige Glücksbringerinnen,
eilt, Töchter des Zeus, herbei!

Er kam vom Himmel herab,
leicht floß hernieder im Wind
sein purpurner Mantel.

Gestorben wirst du ruhn, und nie mehr
wird jemand an dich denken.
Es wird kein Sehnen sein nach dir, es werden nicht
zuteil dir Rosen aus Pierien. Nein: Unsichtbar
durchs Haus des Hades wirst du flattern,
unter fahlen Toten – fortgeflogen.

Und keine einzige, glaub mir,
schaut sie auch auf ins Sonnenlicht,
wird je eine kluge Jungfrau sein, nie,
keine, zu keiner Zeit!

Welch Bauerntrampel trübt dir die Sinne …
hat sich ihr Bauernmieder geschnürt und
weiß nicht, daß man den Saum
hoch über dem Knöchel rafft.

LIEDER UND STROPHEN
DES
VIERTEN BUCHES

Eilt hin zu den herrlichen Gaben
der veilchenbusigen Musen, Kinder!
Hin zur Gesang liebenden,
    helltönenden Ligyra!

Mir aber hat die einst zarte Haut
    das Alter gepackt,
weißes Gesträhn im einst
    schwarzblauen Haar.

Schwer bedrückt, meine Seele;
    die Knie tragen nicht mehr,
einst so flink, gleich Rehen
    zu tanzen.

Darüber seufze ich oft; doch was
    kann ich machen?
Nicht altern als Mensch,
    das kann keiner.

Soll einst doch auch Eos, die Morgenröte,
    in ihren rosigen Armen den
Tithonos, aus Liebe, zu den Enden
    der Erde getragen haben,

ihn, der schön war und jung; trotz alldem
krallte auch ihn
mit den Jahren das graue Alter: und hatte
doch eine unsterbliche Göttin zur Frau!

Mein Traum, der du durch die Schwärze
irrlichterst, wenn der Schlaf …
der süß labende Gott! Schreckliche Trübsal …
entschwunden die Kraft, fern das Vermögen …
Was einzig mich hält, daß es mir nicht geschehe …
Erhoffe für mich nichts von den Seligen …
Nicht wäre ich so …
Erfreuende Köstlichkeiten und …
doch sei mir vergönnt …
Alles …

Du füge den Kranz, Dika, fein
dir um deine Mähne,
von Pimpinell die grünen Dolden,
eine in die andere windend,
mit zarten Händen.
Denn Blumengeschmückte sehen die
Chariten, die seligen Wohltäterinnen,
gern, viel lieber als Unbekränzte:
Da schauen sie weg!

An schöner Gestalt besiegt Dika
die zarte Gyrinno, Mnasis!

Garstiger als dich, Irana,
habe ich keine getroffen!

LIEDER UND STROPHEN
DES
FÜNFTEN BUCHES

Gestorben sein wollte ich, ehrlich!
Sie ging, und unter vielen Tränen

brachte sie hervor:
»Ach, wie Schlimmes erfahren wir,
Sappho! Ja, völlig verzagt verlasse ich dich.«

Da gab ich ihr das zur Antwort:
»Gehe fort, lebe wohl und denke an mich!
Du weißt doch, wie sehr wir dich hegten!

Wenn aber nicht, will ich dich mahnen,
immer daran zu denken,
wie schön und wie gut es uns ging.

Denn viele Veilchenkränze
und Ranken von Rosen und Pimpinell
hast du vor meinen Augen dir umgelegt,

hast dazu duftende Ranken
geflochten um deinen zarten Hals,
aus lieblichen Blüten;

und mit saftigem Myrtenöl,
blumenduftend,
hast du dich, einer Königin würdig, gesalbt,

und auf weichem Lager,
zart gebettet,
hast du dein Sehnen vergessen.

Und da war kein …
Heiligtum und kein …
gab es, dem wir fernblieben,

… keinen Hain
… keinen Reigen.«

Gongyla …

Ja, ein Zeichen …
jedem verständlich: Es kam
  zu mir Hermes als Helfer …

und ich sagte: Oh Herr …
bei der Seligen, nein …
  bin nicht freudig erhoben …

Gestorben zu sein, meine Sehnsucht …
und frischen Tau und den Lotus zu sehen
  an den Ufern des Totenflusses …

bald zum Haus des Hades hinab …
zu suchen …
  daß niemand …

Von Sardes oft hierher
ihre Gedanken lenkend,

wie wir einst lebten …
Sie verehrte dich wie eine Göttin,
freute sich am meisten an deinem Lied.

Jetzt aber überstrahlt sie die lydischen
Frauen, so wie nach dem Sinken der Sonne
der rosenfingrige Mond

alle Sterne; der breitet sein Licht
über das salzige Meer und zugleich
aus über Felder voll Blumen;

schöner Tau ist vergossen auf
Rosen, zartes Kerbelkraut und
honigsüßen Lotos, frisch erblüht.

Sie aber geht auf und ab: denkt sehnsüchtig
an die sanfte Atthis; in einem Winkel
ihres heiteren Herzens … schwere Trübsal.

Daß wir dorthin kämen …
doch trägt der Wind, für uns nicht vernehmbar,
das über das salzige Meer …

Die mich geboren, sprach:

Als sie jung war, galt als schick
der Schmuck, wenn eine den Schopf
mit Purpurnem umbunden trug …

Ja, das war etwas …
Aber wenn eine blondes
Haar trüge, heller als Feuerfackeln …

Kränze stünden ihr besser dann,
solche aus Blumen, die üppig blühn.
Doch ein Kopfband heutzutags, Kleïs,

ein buntes aus Sardes,
eines aus Lydiens Städten?
…

Für dich Kleïs, habe ich leider kein
buntes, weiß nicht, woher ich ein
Kopfband nehmen soll; besser den

aus Mytilene (fragen) …
dem Macht verlieh die Stadt,
ob er dir etwas Buntes weiß …

Seit der Kleanaktiden
Flucht trägt die Stadt
Spuren: Denn schrecklich verschwanden sie.

Sorgsam
breite über sie
ein weichhaariges Fell

An Aphrodite:

Für die Hände
hauchfeine Tücher,
wie Porphyr eingefärbt.
Wolltest sie nicht verschmähen!
Sind geschickt aus Phokäa:
edle Geschenke.

LIEDER UND STROPHEN
DES
SECHSTEN BUCHES

Süße Mutter, nicht mehr meistern
kann ich die Fäden am Webstuhl:
Mit Sehnsucht nach einem Jungen
lähmt mich die Aphrodite.

Behütet die Braut
mit den schlanken Fesseln …
Singt von Aphrodite, der veilchenbusigen
Tochter des Kronos …
Hinweg die schlechten Gedanken …
Herbei, Chariten, heilige Glücksbringerinnen,
auch ihr, Pieriens Musen!
… wenn Lieder ins Herz der Menschen
… allüberall hell erklingen
Behütet den Bräutigam: Hochzeitlich …
Windet Kränze ins Haar, singt, die Lyra erhoben …
Morgenröte kommt in goldenen Schuhen …

DAS BUCH
DER
HOCHZEITSLIEDER

Du schönster Stern von allen …

Abendstern, alles bringst du,
was leuchtend zerstreute das Morgenrot:
Du bringst das Schaf, bringst die Ziege – du bringst
von
der Mutter das Mädchen.

Wie der süße Honigapfel
rot wird am oberen Ast,
oben, am obersten der, den
vergaßen die Äpfelpflücker.
Überhaupt nicht vergaßen sie ihn,
sie konnten ihn nur nicht erreichen.

Wie Hyazinthenblumen im Gebirge
die Hirtenmänner
unter ihren Füße hinabtreten,
und die purpurne Blüte
am Boden daniederliegt.

Wie die Sänger von Lesbos:
Übertreffen alle andern.

Ja, immer noch Jungfrau!
... soll mir denn daran noch liegen?

Schöne, Entzückende du ...
Wir geben sie, spricht der Vater.

Sieben Arme lang, des Türwächters Füße;
fünf Kuhhäute waren nötig für seinen Schuh;
und Schuster zu zehnt an der Arbeit!

Macht hoch die Tür!
  Oh Hymenaios!
Hebt höher den Türsturz,
  zimmernde Männer!
  Auf die Hochzeit!
Kriegsgottgleich naht der Bräutigam!
  Oh Hymenaios
Größer als ein großer Mann!
  Auf die Hochzeit!

Glücklicher Bräutigam,
nun feierst du die Hochzeit,
wie du's ersehnt hast.
Alles erfüllte sich:
Hast nun das Mädchen,
das du ersehnt hast.

Selige Braut:
Hast ein liebes Gesicht,
auch die Augen
voll Liebe; und Liebe, ausgegossen
über deine reizenden Wangen.
Geehrt hat dich übergroß Aphrodite.

Denn wirklich:
Kein Mädchen sonst, Bräutigam, ist wie die!

Jungfernschaft! Jungfernschaft,
wohin eiltest und entschwandest du?

Nie kehr ich zurück zu dir!
Niemals komme ich wieder!

Wem, lieber Bräutigam,
will ich schön dich vergleichen?
Einem schlanken Trieb,
will am ehesten ich dich vergleichen!

Freue dich, Braut!
Freue auch du dich,
Bräutigam, teurer,
vielmal!

FRAGMENTE

Schildkrötschale, Ligyra! Du göttliche!
Für mich sollst du Klang werden!

Unter den Flügeln zerreibt sie ihr schrilles Lied,
wenn sie zur gleißenden Sonne die Glut bezirpt.

Hab nicht im Sinn, mit gleicher Münze
heimzuzahlen. Bin eher ein argloses Wesen …

Nein: Auch wenn du mich lieb hast,
steig zur Jüngeren ins Bett,
denn ich ertrage nicht, mit dir zu sein,
da ich die Ältere bin.

Blumen knickend,
sehr sanft, das Kind …

Wie passend: Eos in goldenen Schuhen,
die herrische Morgenröte.

Hab selbst
Kränze geflochten …

Schlafe sanft! Du an der Brust
der zarten Gefährtin …

Kommt hierher, Musen, das goldene
(Haus eures Vaters) verlassend …

Naht euch, Chariten,
ihr sanften Wohltäterinnen;
mit schönen Haaren auch ihr, Musen!

Mich aber hast du vergessen,
oder wen andern unter den Menschen
lieber als mich.

Wieder schüttelt mich Eros,
schwächt meine Glieder,
treibt mich: süßbitteres,
entmachtendes Kriechtier.

Atthis, an mich zu denken, ist lange dir
schon verhaßt, und du flatterst zu
Andromeda …

Mika,
ich aber werde dich nicht verlassen!
Bevorzugst du auch die Liebe
der Penthiliden, von übler Art.
Uns bleibt ein süßes Lied,
honigstimmig,
helltönende Sängerinnen,
in Fluren voll Tau …

Hab eine schöne Tochter,
ihre Gestalt gleicht
goldenen Blumen: Kleïs,
die einzig geliebte.
Nie gäb ich sie her,
nicht für ganz Lydien,
nicht für Lesbos, die Insel.

Andromeda
Vergessen …?«
schimpft die Sterbliche …
»Sappho, ich hab dich lieb,
bin von Zypern Königin
und mächtig fürwahr!
So vielen (leuchtet) der Morgenstern;
Glanz allüberall …
bis an des Totenflusses dunkle Ufer …«

Es hat Andromeda eine schöne
Antwort:
Sappho, was rufst du die
selige Aphrodite?

Einen Traum habe ich dir erzählt,
Zyperngebürtige …

Was verheißt du mir,
Tochter des Königs Pandion,
liebliche Schwalbe …

Frühlingsverkünderin,
sehnsuchtsvoll schlagende
Nachtigall …

Eisvogelweibchen,
(beim Flug über das Meer
trägt dich das Männchen …)

Will dir etwas sagen, doch hindert mich
Scham …

Bewegte dich ehrlich etwas Schönes, zu sprechen,
und du trügest nichts Schlechtes auf deiner Zunge,
dann ließe nicht Scham deine Augen sinken.
Nein, frei heraus könntest du sagen, was recht ist.

Stell dich aufrecht hin, Freund,
und laß deine Augen leuchten
in ihrem Reiz.

Hingerafft hat's den herrlichen Adonis,
Liebesgöttin Kythereia, was tun wir?

Schlagt die Brust euch, Mädchen,
reißt herab euch die Kleider!

Ambrosia gab es,
im Mischkrug gemischt;
Hermes brachte die Kanne,
als Weinschenk, den Göttern.
Die droben, sie alle,
erhoben die Becher,
vergossen den Trank und
wendeten alles Glück
dem Bräutigam zu.

Leto und Niobe,
zärtlich waren sie
anfangs befreundet …

Durchaus überdrüssig,
der Gorgo!

Rühr nicht Geröll an;
wirbel nicht Staub auf!

Weder den Honig noch die Bienen
für mich …

Einer wird sich erinnern,
sag ich,
manch anderer noch an uns!

Reichtum, fehlt ihm die
rechte Art: Unnütz
bleibt er als Hausfreund.

Wenn Schlaf sie
die ganze Nacht hindurch
gefangen hält …

Denn recht ist es nicht,
im Hause der Musen
zu weinen;
nein: Unerlaubt ist es uns!

Ein Kleid …
von Krokus …
purpurner Rock …
den Mantel persisch …
Kränze von Blumen …
schöne Sandalen …
phrygische …
von Purpur …
ein Teppich …

Laß das Halbleinerne
in vielen Falten sich ergießen,
mancherlei Farben,
mit dreingemischt …

Mädchen mit süßer Stimme …

In seiner Fülle erstrahlte der Mond;
wie sie rings den Altar umstanden.

Kinder, bin ohne Worte,
doch spreche ich, sobald ihr mich fragt,
denn eine nimmermüde Stimme
will mir nicht aus dem Sinn:
»Letos strahlende Tochter, ganz hell,
übergab mir Arista, Kind des Hermokleides,
den wiederum Saunaos zeugte.
Wird deine Priesterin, Herrin der Frauen.
Freu dich an ihr und gib unserem Haus
gnadenvoll Ehre und Ruhm.«

Dies ist die Asche der Timas,
verstorben vor ihrem Brautfest;
statt dessen führte Persephone sie
in ihr dunkles Schlafgemach.
Alle Freundinnen schnitten mit
scharfgeschliffenen Klingen
sich die schönen Haare
bei ihrem Tod vom Haupt.

Auf des Fischers Pelagon Grab,
legte sein Vater Meniskos
Ruder und Reusen: Bilder
eines dürftigen Lebens.

An Süße den Klang einer Harfe noch übertönend,
als Gold goldener noch …

Macht sich der Zorn Luft in deiner Brust,
dann gib acht auf die bellende Zunge!

Zur Freude der Freundinnen
will ich Schönes jetzt singen …

Seid wachsam,
ihr Freier! sprachen sie,
mehr noch als Könige über die Städte …

Einst, sagen sie, geschah es,
daß ein verschlossenes
Ei, unter Hayzinthen
versteckt, Leda entdeckte …

Kretische Mädchen umtanzten
im Gleichmaß der Schritte
rings den Altar, die zarten
Sohlen auf den weich
schwellenden Blumen der Wiese.

Närrchen, brüste dich nicht
mit dem Ring am Finger,
nach einer Törin steht nicht mein Sinn;
doch soll es dir wohl ergehen,
noch lange …

Untergegangen der Mond
und das Siebengestirn. Mitten
in Nächten – verrinnt die Stunde:
Ich aber liege allein.

»Manche sagen, es gäbe neun Musen.
Sie vergessen Sappho von Lesbos:
Sie ist die zehnte.«

Grußworte der Dichterin
(an Stelle einer Biographie)

Endlich kamst du! Bist wirklich gekommen, Kind. Ein Bote brachte mir die Nachricht, ich könne noch einmal eine Schülerin bei mir aufnehmen, wenn ich es denn wünschte. So bin ich jeden Tag hinunter zum Hafen geeilt, hoffte, das Schiff wäre eingetroffen und würde dich mir bringen. Von Mal zu Mal wurde ich unsicherer: Würdest du wirklich hierher kommen? Und wie sollte ich dich empfangen, wie dir gegenübertreten, ich, eine alte, unscheinbare Frau? Nun bist du da, wie schön! Bist von weit her gekommen, aus Sizilien.

Ich kenne deine Heimat: Nahe Syrakus lebte ich selbst einst in der Verbannung. Ich weiß einen heiligen Hain, der dort in der Nähe liegt, früher einmal von Kretern angelegt. Dieser Hain erinnerte mich an unseren Garten auf Lesbos. Dorthin ging ich oft, um mein Heimweh zu betäuben und zu weinen. Wie sehr sehnte ich mich nach unserer Sonne, unseren Speisen, dem milden Klima, nach meinem vertrauten Dialekt, nach meinem Zuhause. Es ist alles schon so lange her. Mein Zuhause … Dabei muß ich immer an einen wunderschönen Weinmischkrug denken, den wir in meinem Elternhaus besaßen. Eines Tages zerbrach er und war nicht mehr zu drahten. Meine Brüder und ich behielten aber einzelne Scherben, auf denen noch das zarte Profil eines Gesichts, ein schlanker Fuß, eine Hand mit einer Blüte, eine duftige Gewandfalte zu erkennen waren: kleine Kostbarkeiten für uns Kinder, damals. Heute bin ich eine alte Frau, und die Strophen meiner Lieder wollen sich, gleich den Scherben des schönen Mischkruges, nicht mehr so recht in meinem Kopf zum ganzen Lied fügen.

Zu lernen kamst du hierher, wie man sich auf die Ehe vorbereitet und einem Mann begegnet, in dessen Haus einen der Vater führt: Du wirst alles lernen, was ein Mädchen braucht, sich zurecht zu finden in einer Welt, in der Frauen nur noch eine geringe Rolle spielen. Glaub mir, das war nicht immer so!

Und glaub auch nicht dem Klatsch und dem Gerede der Leute über mich, über meinen Bruder Charaxos …

Es macht mich mißmutig und traurig, wenn ich daran zurückdenke. Ein Spießrutenlaufen war es, wenn ich ausging oder zum Markt, wie Messer schnitten die Worte der Leute mir ins Herz: daß Charaxos sein ganzes Vermögen in Ägypten verloren habe, und das nicht schlechter Geschäfte, sondern einer Kurtisane wegen, der er völlig verfallen war. Die habe er ausgehalten über Jahre, während sie ihn zum Gespött aller machte.

Aber mir erging es nicht besser … Immerhin bist du zu mir gekommen, hattest keine Furcht vor der »unzüchtigen, liebestollen Hure, die ihre eigene Geilheit besingt«.

Und dann diese lächerliche Geschichte um Phaon:

Ein alter Mann, Phaon, erzählte man sich, habe die Leute von der Insel Lesbos nach dem Festland übergesetzt. Von einem verhutzelten Weiblein, das kein Fährgeld besaß, habe er nichts verlangt. Doch die Greisin sei die verkleidete Aphrodite gewesen. Aus Dank habe sie den Schiffer mit einer Wurzel beschenkt, die ihm Jugend und Schönheit zurückgab. Nun hätte er leichtes Spiel gehabt, alle Frauen auf der Fahrt zu betören, unter anderem auch mich! In diesen jungen, unbedeutenden Fährschiffer hätte ich mich also unsterblich verliebt, dieser mich aber verschmäht, und aus Gram darüber hätte ich mich von der leukadischen Klippe ins Meer gestürzt!

Ich kann guten Gewissens behaupten, daß ich immer noch lebe und in Würde ein Alter von siebzig Jahren erreicht habe ...

Ich bin Sappho, oder richtiger, wie wir im Äolischen sagen: Psappho, mit einem langen »o«. Ich stamme von Lesbos, einer Insel, die nur durch einen schmalen Meeresarm von der kleinasiatischen Küste getrennt liegt, seit alters her reiches Fruchtland, ein natürlicher Garten mit Ölbäumen, Obstplantagen, Weingärten und Wäldern aus Zypressen, Eichen, Fichten und Magnolien. Griechen aus Thessalien – die Äolier – siedelten hier vor tausend Jahren, später auch auf dem Festlandstreifen gegenüber, in der Ebene vor Troja und im Landstrich um Pergamon. In meiner Jugend erhoben sich die Lyder als Herren über den Westen Kleinasiens. Lydien wurde reich, es hatte Gold und Luxusartikel, gab den Ton in Modedingen an, förderte die Künste, die Baukunst und die Musik, und Lyder hatten stets Sinn für Feines und einen erlesenen Geschmack. Meine Insel Lesbos hat andere Vorzüge: Berühmt ist die Schönheit unserer Frauen. Schon Homer erzählt davon in seiner »Ilias«, wenn Agamemnon dem grollenden Achill zur Versöhnung sieben Lesbierinnen anbietet. Und auch unsere Schönheitswettbewerbe, die »Kallisteia« der Mädchen, sind stets ein hoher Feiertag im Jahresablauf. Vor allem aber spielt bei uns die Musik immer eine wichtige Rolle, und unsere Lieder sind unter allen Griechen verbreitet und beliebt. Haben nicht wir das Haupt des Orpheus auf Lesbos bestattet, nachdem es, auf der Lyra übers Meer schwimmend, an unserer Küste strandete? Die Mänaden, heißt es, haben seinen Körper aus Zorn zerrissen. Der schöne Sänger hätte nämlich, nachdem er Eurydike in der Unterwelt zurücklassen mußte, alle Frauen, die ihn begehrten, zurückgewiesen. Seinen Kopf haben sie mit einem Nagel an der Lyra befestigt und ins Meer geworfen. Der Klang der Lyrasaiten soll das Meer und die Küsten erfüllt haben. So wurden wir die musikalischste aller Inseln. Ach! All diese Gerüchte! Wie müde ich ihrer bin. Hörst du mir überhaupt noch zu? Ich weiß, deine Reise war lang ... Man erzählt auch, Terpandros habe die erste Musikschule hier gegründet und der alten viersaitigen Lyra für immer die sieben Saiten geschenkt. Und unserem berühmten Dichter Arion, dem »Meister der Töne«, kamen sogar die Delphine zur Hilfe, trugen ihn ans Gestade und retteten so sein Leben, als er, auf der Meerfahrt von Lesbos, von Schiffsleuten ausgeraubt und von ihnen in die tosende See gestoßen worden war.

Mein genaues Geburtsdatum haben meine Eltern nicht vermerkt. Das war nicht üblich. Um die Zeit der neununddreißigsten Olympiade sagten sie. Mein Vater kam vom Festland, von den Ufern des Flusses Skamander unter den Mauern von Troja, weswegen er Skamandronymos genannt war; er gehörte zum äolischen Adel. Meine Mutter stammte aus Eresos auf Lesbos und hieß Kleïs: Nach ihr nannte ich später meine Tochter, mein einziges Kind. Bald nach der Hochzeit meiner Eltern zogen wir nach Mytilene. Hier kamen meine drei Brüder zur Welt: Erigyos, Larichos und Charaxos.

Larichos ging in die Politik und hatte die ganz besondere Ehre, im Prytaneion, dem Hohen Rat, den Ratsherrn den Wein zu kredenzen. Charaxos trieb als Schiffseigner Weinhandel mit Ägypten. In unserer Handelsniederlassung in Naukratis im Nildelta traf er dann besagte Kurtisane Doricha, genannt »Rhodopis«, die »Rosengleiche«, und damit begann viel Ärger: Sie und der Fabeldichter Aisopos waren früher Sklaven bei dem reichen Jadmon auf Samos gewesen. Mein Bruder kaufte Doricha von ihrem neuen Herrn für eine immense Summe frei, ruinierte sich aber dabei und verlor sein Geschäft. Jahrelang wurden wir zum Gespött und Tagesgespräch der Leute.

Wir, meine Familie, gehörten zur Oberschicht der Insel. Im hügeligen Hinterland von Mytilene besaßen wir inmitten großer Ländereien ein wunderschönes Haus. Jenseits des Hofes, nahe dem Tor, vier Morgen groß, begann dann unser Garten. Allseits war er fest umhegt. Da wuchsen hohe Bäume, die blühten und strotzten von glänzenden Früchten. Birnen, Granaten und Äpfel trugen die Bäume, es gab süße Feigen und dicke Oliven. Höre, ich sage dir die Verse des großen Homer aus dem siebten Buch der »Odyssee«; so vermeine ich unseren Garten vor mir zu sehen: »Niemals geht eine Frucht hier verloren und nie gibt es Mangel Winter wie Sommer, im ganzen Jahr nicht; der täglich und stündlich wehende Westwind lässt ja die Früchte hier wachsen, dort reifen. Überreif wird Birne um Birne, Apfel an Apfel. Traube hängt neben Traube und Feige drängt an Feige. Dort aber wurzelt sein fruchtüberladenes Rebengelände. Ein Stück dient als ebener Boden zum Trocknen der Trauben; wärmend trifft es die Sonne; die anderen werden geerntet, wieder andere gekeltert. Die Schößlinge vorn an der Spitze stoßen die Blüten erst ab, wenn andere zu dunkeln beginnen. Weiter dann neben der letzten Reihe wachsen gepflegte Beete mit allen Gemüsen und prangen, als wär es für Jahre. Quellen finden sich dort auch: Die eine verteilt sich im Garten, anders gerichtet flutet die zweite zum Haus …« Ich liebe dieses Stück Land und bin mit den Mädchen, die ich betreue und ausbilden will, hierhergezogen. In vielen meiner Lieder habe ich diesen Garten mit seinen Farben und Düften beschrieben. Kleine Kultstatuetten der Hera und der Aphrodite sind dort seit alters her aufgestellt und schaffen eine Atmosphäre von stiller Frömmigkeit.

Meine früheste Erinnerung: Ich sitze im Schatten eines Granatbaumes, und mein Vater betritt das Haus durch die Vorhalle. Er erblickt mich, kommt zu mir hinaus, schaut mich, die er ansonsten nie wahrnimmt, an, und sagt: Meine kleine, kluge Tochter! Hätte er doch einmal nur gesagt: Meine kleine, »schöne« Tochter! Denn klein war ich immer, und dunkelhäutig und unscheinbar; wie gern hätte ich früher das Aussehen einer vornehmen Dame gehabt, groß und schlank und mit einem zarten, hellen Teint ... Schön an mir war als Kind nur meine Stimme. So sang ich, allein im Garten oder im Chor mit anderen. Dann und wann, wenn mein Vater, den ich nur mit sorgenvoller Miene kannte, seine Parteigänger als Gäste zu einem feierlichen Umtrunk hatte, führte man mich zu später Stunde vor die ausgelassene Männerrunde und ich mußte vorsingen, alte äolische Lieder, wie etwa das vom Mond: »Der Mond ist aufgegangen, am Himmel prangt das Siebengestirn, ich aber liege nicht allein ...« Tosendes Gelächter. Ich haßte diese Auftritte.

Das war eine schwere Zeit, damals. Große, politische Umwälzungen kündigten sich an: Reich gewordene Handelsleute, die durch Erschließung des Mittelmeeres und des Schwarzen Meeres zu Wohlstand gekommen waren, verlangten Anteil an der Herrschaft, die bis dahin in den Händen der landadligen Familien, wie der unseren, lag. Handel und Wirtschaft gewannen an Bedeutung, und das gemünzte Geld, eine Erfindung der Lyder, verbreitete sich in der ganzen griechischen Welt. Es kam zu Auseinandersetzungen und Kämpfen zwischen den einzelnen Gruppen. Zum erstenmal schrieb man Gesetze auf, und vom Volk eingesetzte Schlichter, die »Aisymnetes«, sollten vermitteln und Ruhe und Ordnung wiederherstellen. Schließlich übernahmen diese die Herrschaft. Kleine militante Adelscliquen aber kämpften weiter um die Macht und ihre alte Stellung in Mytilene; zu diesen gehörten mein Vater und auch Alkaios mit seinen Brüdern.

Maßgeblich beteiligt am Aufstand gegen den Tyrannen Myrsilos, war Alkaios ein leidenschaftlicher Anführer und wurde rasch mit seinen Kampfliedern bekannt. Die Lyder wiederum unternahmen größte Anstrengungen, ihre Einflußsphäre auf die Inseln auszudehnen, und unterstützten den alten Adel auf Lesbos mit hohen Geldbeträgen. Auf der Gegenseite erhielt schließlich Pittakos, ein ehemaliger Kampfgenosse des Alkaios und meines Vaters, durch Verrat und Eidbruch umfassende Vollmachten als »Schlichter«; er wurde Nachfolger des Myrsilos, Aisymnet von Mytilene, und schließlich sogar in den Kreis der Sieben Weisen aufgenommen. Während er ans Werk ging, schickte er die Anführer der Adelsparteien in die Verbannung, darunter Mitglieder meiner Familie, viele Freunde, wie Alkaios, und auch mich und meinen Ehemann: Meine Brüder und meine Mutter hatten mich nämlich, als ich herangewachsen war, einem adligen wohlhabenden Mann von der Insel Andros, Kerkylas mit Namen, zur Frau gegeben. Kannst du noch folgen? Ein altes Weib wird geschwätzig, und die vielen fremden Namen, verwirren sie dich nicht?

Sizilien, die griechische Kolonie, wurde uns also zugewiesen, und dort verbrachte ich acht lange Jahre. Nach unserer Rückkehr – Pittakos war wie alle Tyrannen nach Festigung seiner Herrschaft milde geworden – mußten wir ganz von vorn beginnen. Meine Eltern waren beide gestorben. Mit Kerkylas verband mich wenig, außer unserer Tochter Kleïs, die ich zärtlich liebte. Da Verbannung immer auch den Einzug des Vermögens bedeutet, waren wir nun fast mittellos; mein Bruder Charaxos versuchte erneut sein Glück im Handel, und ich mußte mir eine Betätigung suchen, um meinen Lebensunterhalt zu sichern. Da kam mir die Idee, in unserem alten Landgut, das zwar ein wenig heruntergekommen war und dessen ehemals blühender Garten brachlag, eine private Erziehungs- und Bildungsgemeinschaft für junge Mädchen einzurichten. Das Leben unserer Mädchen und Frauen auf Lesbos ist sehr viel anders, mußt du wissen, als das bei den Ioniern oder in Athen. Dort führte das weibliche Geschlecht ein sehr zurückgezogenes Leben und ist einzig auf das Haus und die Familie angewiesen. Und eine Frau braucht in Athen – so denken die Männer – nur so viel geistige Kultur, als zur Ordnung des Hauswesens, zur Pflege der Kinder und zur Beaufsichtigung der weiblichen Dienerschaft von Nöten ist. Denn schließlich herrscht im Olymp seit nicht allzu langer Zeit ja auch anstelle der segen- und lebensspendenden Muttergöttin Gäa ein ehemaliger, launischer Wettergott: Zeus hat jetzt den Vorsitz über die Götterversammlung.

Bei uns Äoliern aber ist alles etwas anders: Wir haben an der altgriechischen Lebensweise, die noch in den Epen oder der Mythologie beschrieben ist, festgehalten, wodurch uns Frauen am geselligen Leben des Hauses und an öffentlichen Ereignissen ein tätiger Anteil zukommt. Das hat zur Folge, daß sich bei uns ganz ausgezeichnete Talente entwickeln dürfen. In Athen würde man sich das Maul darüber zerreißen, uns als schamlos und ohne Zucht darstellen. Erziehung von Mädchen und jungen Frauen und eine Hinführung ins Leben finden auf Lesbos nun einmal nicht hinter verschlossenen Türen statt und obliegen nicht bloß der Mutter oder einer Wärterin. Hier gibt es Frauen von großer Liebenswürdigkeit und Herzenswärme, musikalisch und belesen, die einen Kreis von jungen Frauen um sich scharen: Die wiederum wünschen Unterweisung in feinem Benehmen und Haushaltung, für den Dienst bei kultischen Handlungen, in Musik, Tanz und Gesang.

Später, wenn die jungen Frauen dann von uns Abschied nehmen, oft unter vielen Tränen – auch du wirst mich eines Tages wieder verlassen –, um eine standesgemäße Ehe einzugehen, haben sie eine musische Bildung erhalten, bestechen durch die Grazie ihres Benehmens und können einem Haushalt vorstehen. Sie verstehen etwas von edler Gartenarbeit und auch vom einfachen Leben in Einklang mit der Natur. Guten Geschmack haben sie fast alle; es gibt auch Tage, da wird aller Ernst über Bord geworfen, und sie sind ausgelassen und albern, und dann geht es nur um »schöne Pantoffeln, purpurfarbene Bänder, phrygische Mützen, zarte Tuniken, Parfüms, Flatterstoffe« und so weiter und so fort. Wie sehnsüchtig gehen oft ihre Wünsche zum Festland hinüber, ins lydische Sardes, das in Modefragen tonangebend ist. Kleïs, meine Tochter, wuchs unter den anderen Mädchen auf und wollte natürlich stets mithalten. Ich weiß noch gut, wie sie eines Tages mit der Bitte kam, sich eine dieser neumodischen lydischen Haarmitren kaufen zu dürfen: Sie waren damals einfach zu teuer und ich hatte das Geld nicht, ihr diesen Wunsch zu erfüllen. Es gab mir einen Stich ins Herz, und es tut mir noch heute weh, wenn ich ihre enttäuschten, sich mit Tränen füllenden Augen vor mir sehe! Damals haßte ich unseren »Schlichter« Pittakos dafür, daß er mich und meine Familie in diese Not gebracht hat, indem er das Verbannungsurteil aussprach.

Das gemeinsame Leben mit den Mädchen und Frauen, ihre Ausbildung und Formung, sie reifen zu sehen, sind mir Lebensinhalt geworden und meine Erfüllung. Unsere Gemeinschaft hatten wir der Kypris, der Göttin der Liebe, der Aphrodite, geweiht. Wir, das waren früher einmal: Sappho und Kleïs, Atthis, Anaktoria, Dika, Agallis, Irana, Mika, Timas, Mnasis, Kalliopa, Gyrinno ... und heute du, Arista. Und wie oft ist Eros über mich hergefallen, hat mich geschüttelt und an mir gezerrt, wie ein Sturmwind, der von unseren Bergen hinabfährt und die Kronen der Eichen heftig zerzaust. Manche der Mädchen habe ich glühend geliebt, und ich gestehe, nicht selten hat rasende Eifersucht mir das Herz schwergemacht, wenn eine nichts von mir wissen wollte oder ich eine Rivalin hatte ...

Musik und Gesang lagen mir am Herzen, also begann ich Lieder, kleine szenische Aufführungen und Tänze für die Mädchen zu verfassen. Die Werke Homers kannte und bewunderte ich natürlich, doch wollte ich eine eigene Sprache sprechen, wollte meiner Insel eine neue Stimme schenken. Meine Texte sollten nicht mehr das Preisen einer legendären Vergangenheit sein. Lieder für die Lyra sollten es sein, in denen meine Gefühle und Wünsche, das Hier und Jetzt, mein Ich zählten. Offen wollte ich meine Gefühle darstellen können: Von den Mädchen meines Kreises mußte ich erzählen, von denen, die meine Sehnsucht weckten, von unseren Tränen beim Abschied, von schönen Erinnerungen, von Jugend und Alter. Du wirst sie hören, meine Lieder umfassen alle Tonarten: Liebe und Begehren, Mahnung und Eifersucht, Scherz, Spott, Nachdenklichkeit, Selbstbeobachtung, Frömmigkeit. Und auch den Zauber einer Mondnacht oder meines Gartens …

Meine Sprache ist das Äolische, ein wundervoller Dialekt, sehr altertümlich und besonders klangreich, eine liebenswürdige und »sangliche« Form des Altgriechischen. Ein Beispiel nur: Den »Mond« nennen wir nicht, wie die übrigen Griechen, »Selänä«, sondern »Selánna«.

An allen Festen zu Ehren der Götter, an Hochzeitsfeierlichkeiten und an Begräbnissen nehmen meine Schülerinnen teil. Sie schmücken die Altäre mit Blumen und tragen Kränze im Haar. Ich studiere mit ihnen Hochzeitshymnen, Chorgesänge und Reigentänze ein. Vor allem Hochzeitslieder habe ich zahlreiche verfasst. Überhaupt spielen Musik, Tanz und Gesang in unserem Kreis eine überragende Rolle. Folge mir, ich werde dir unsere schönen und unterschiedlich klingenden Saiteninstrumente zeigen: die Phorminx, das Barbiton oder hier die Kithara. Die harfenähnliche Lyra oder »Ligyra« hat der Gott Hermes erfunden, und unser Landsmann Terpandros hat ihr sieben Saiten geschenkt. Die sind über eine Schildkrötenschale als Resonanzkörper zwischen zwei Arme gespannt und werden angerissen oder geschlagen. Flöten und der oboenartige Aulos erklingen vor allem zum Tanz und zu Chorliedern. Meine »Singverse« begleite ich selbst auf der Lyra.

Eine glückliche Ehe einzugehen, das ist letztlich mein Ziel bei der ganzen Erziehung und Ausbildung von jungen Frauen. Unsere Hochzeitsriten sind noch auf ihre Weise altertümlich: Es handelt sich dabei im wesentlichen um die Überführung der Braut aus dem Haus ihres Vaters in das des Ehemanns. Unter Tanz und Jubelliedern, natürlich gehören dazu auch gepfefferte Spottlieder, wird die Braut in Begleitung der Brautjungfern aus ihrer Mädchenkammer durch die Gassen geführt. Vorangegangen ist die Verabredung – sie kann Jahre zurückliegen – zwischen beiden Eltern oder dem Brautvater und Bräutigam, der nicht selten ein älterer Mann ist. Die Heirat muß nicht zwangsläufig mit Liebe zu tun haben – glaub mir: Ein Glücksfall ist es, wenn die Brautleute sich kennen und vielleicht schon des öfteren gesehen haben. Auch die Mitgift spielt natürlich eine große Rolle. Wie der Hochzeitstag beginnt? Für die Braut mit einem feierlichen Bad und Opfern an die Götter. Dabei wird das Spielzeug, werden die Puppen der Kindheit verbrannt: trauriger, und oft tränenreicher Abschied von den Kinderjahren. Die Brautmädchen singen Abschiedslieder, in denen das Mädchen grausam der Mutter entrissen wird, junge Männer antworten im Chor und preisen den Bräutigam glücklich, so eine Hübsche zu kriegen. Dabei werden kleine Szenen aufgeführt. Es folgen das Hochzeitsmahl und die Reihentänze der Brautjungfern und geladenen Gäste. Dann wird die verschleierte Braut hereingeführt und dem Bräutigam gegenübergesetzt. Der Brautvater entschleiert seine Tochter und spricht die Worte: »Wir geben sie!« Und der glückliche

Bräutigam überreicht die »Gaben der Entschleierung«: Damit ist die Eheschließung vollzogen.

Dann, in der Dämmerung, zieht die ganze Gesellschaft in großer Prozession durch die Straßen zum Haus des frischgebackenen Ehemanns, vorneweg tanzende junge Leute, die Nüsse werfen, Flötenspieler, Possenreißer mit Hausrat und Bettzeug, schließlich die Eltern mit Fackeln, und alle stimmen immer wieder in den Hochzeitsruf an Hymen, den Gott der Hochzeiter, »Oh Hymenaios, auf die Hochzeit!« an. Endlich erreicht man unter den Glückwünschen der Umstehenden und Zuschauer das Haus der Schwiegereltern, wo sich bald hinter den Gatten die Türen des Schlafgemachs schließen. Zurückbleibt der Türwächter, dem dann die Spottlieder der jungen Männer und Mädchen gelten, die draußen verweilen. Die ganze Nacht über singen sie vor den Fenstern der Jungvermählten die »Lieder vor dem Brautgemach«, in denen sie die Schönheit der Braut rühmen und das Können und die Fertigkeiten, die die Mädchen über die Jahre in meiner Obhut erlernt haben. Auch meine liebe Tochter Kleïs habe ich so einem Mann zur Frau gegeben, einem Bräutigam vom Festland, denn nicht nur ihr Verlangen nach lydischer Mode zog sie über die Meerenge … Auch du wirst einmal eine wunderschöne Braut sein, sei gewiß, Kind. Aber ich rede und rede … schläfst du schon?

So sind die Jahre dahingegangen. Meine Lieder haben mich berühmt gemacht. Ja, man beginnt sie sogar aufzuschreiben. Mein Landsmann, der Sänger Alkaios – ich sprach zu dir von ihm –, schätzt meine Lieder sehr, und wir tauschen uns gern aus, zumal auch ihn für einige Jahre unter Pittakos das Los der Verbannung getroffen hat; schon von daher verstehen wir uns. Ich bewunderte ihn zuerst als starken Kämpfer und Partisan unserer Insel, und auch damals schon bestach seine sensible, feine und aristokratische Art. Er wiederum gab seiner Anerkennung Ausdruck in dem Vers: »Veilchenduftende, reine, honiglächelnde Sappho«. Du wüßtest gern, ob ich verliebt in ihn bin? Ja, vielleicht ist es eine Art von Liebe, die uns verbindet.

Als der Gesetzgeber von Athen, Solon, fünfundzwanzig Jahre älter als ich, fühlte, daß er sterben würde, soll er einen Sänger darum gebeten haben, ihm meine letzten Lieder zweimal vorzutragen. Nach dem Grund für seine Bitte befragt, hat er geantwortet: »Damit ich Sapphos Lieder lerne und dann ruhig sterben kann!« Das ändert aber nichts daran, daß ich bis heute den Machthabern und Politikern mißtraue. Ruhm und große Anerkennung sind mir erst in den letzten Jahren zuteil geworden: Meine Landsleute prägten auf das neue Zahlungsmittel in Münzen mein Abbild, die Einwohner von Syrakus sollen in Erinnerung an meinen Aufenthalt dort sogar eine Statue von mir errichtet haben, die der Bildhauer Silanion ausgeführt hat.

Auf leisen Sohlen hat sich schließlich das Alter herangemacht und streckt seine gichtigen Finger nach mir aus, sucht mich zu greifen. Ich gestehe freimütig, es gefällt mit wenig, das Altwerden. Zu spüren, wie die einst flinken Glieder steif und müde werden. Schwer ertrage ich es, im Spiegel meine Falten und weiße Strähnen in meinem ehemals blauschwarzen Haar zu sehen. Zu tanzen wird mühsam, oft hänge ich traurigen Gedanken nach, denke an meine Kleïs, die auf dem Festland verheiratet ist. Dann liebe ich es, allein in meinem Garten umherzugehen, die Sonne wärmt mir die alten Knochen. Und wie lieblich und angenehm ist das Wehen der Luft hier, deren spätsommerlicher Hauch sich mit dem Chor der zirpenden Zikaden vermischt. Hör nur! Manchmal ist mir, als ob die Zikaden, in der drückenden Mittagshitze singend, sich miteinander unterhalten und mich beobachten. Bin ich vielleicht selbst eine aus dem Geschlecht der Zikaden? Man erzählt nämlich, sie seien einst gewöhnliche Menschen gewesen, allerdings vor der Zeit der Musen. Als dann die Musen geboren wurden und den Gesang erfanden, da wurden also etliche von diesen Menschen so erregt davon, daß sie – unentwegt singend – Essen und Trinken vergaßen, ja, nicht einmal mehr das Herannahen des Sterbens gewahr wurden. Aus diesen wurden die Zikaden, die von den Musen als Geschenk empfingen, von Geburt an keinerlei Nahrung zu sich nehmen zu müssen. So leben sie, ohne zu essen und zu trinken, bis sie sterben. Wenn sie dann bei den Musen ankommen, müssen sie diesen melden, wer auf Erden welche von ihnen verehrt; welche Menschen sie mit Chormusik verehren, welche mit Liebesliedern, welche mit Philosophie und welche mit schönen Reden …

Schluß damit: Glaub nur nicht, ich wäre ein sentimentales Weib geworden, das – noch immer unscheinbar und von der Sonne verbrannt – in seinem Zaubergarten den verschwundenen Zeiten nachtrauert oder in wahnhaft süßen Vorstellungen schwelgt. Meine Stimme trägt noch, und manchmal denke ich, meine stärksten Lieder sind im Alter entstanden.

Und dann wird eines schönen Abends Hermes als Reisebegleiter und Helfer vor mir stehen, und es gilt Abschied zu nehmen, um endlich den frischen Tau und den süßen Lotus an den Ufern des Totenflusses Acheron zu schauen. Doch will ich Aphrodite bitten, mir noch ein paar Jahre mit dir, meiner schönen Gefährtin, zu gewähren! Dann werde ich um so freudiger euch Nachgeborenen zurufen: »Es führt zwar kein Weg zum Olymp für uns Menschen, außer ganz selten einmal … Doch läßt sich alles ertragen, denn es gibt da eine Göttin … Euch Schönen aber bleiben meine Gedanken – und Lieder; stets ganz unverwandelt!«

ZU DIESER AUSGABE

Antike Zeugnisse zu Sappho

Über die Lebenszeit Sapphos liefern die antiken Quellen der unterschiedlichen Epochen ganz unterschiedliche Nachrichten: Wenn in der »Suda«, dem byzantinischen Lexikon des 10. Jahrhunderts steht, das Geburtsjahr der Dichterin sei 612 v. Chr. gewesen und sie habe zu Zeiten des Dichters Stesichoros, der 556 v. Chr. starb, gelebt, so mag dieses Datum recht spät angesetzt sein.

Laut der »Chroniken« des Eusebius (265–340 n. Chr.) – den aus früheren Schriften zusammengestellten, vergleichenden Jahrestabellen – wurde Sappho als Einundzwanzigjährige 591 v. Chr. zum zweiten Mal verbannt, und zwar nach Sizilien. Als Solon 558 v. Chr. starb, soll Sappho vierundfünfzig Jahre alt gewesen sein.

Strabon (64–23 v. Chr.) schreibt in seinen »Beschreibungen der Erde« (XIII 617): Sappho lebte zur Zeit des Pittakos; nach »Leben und Meinungen der Philosophen« des Diogenes Laertios (3. Jh. n. Chr.) starb Pittakos mit über siebzig zur Zeit der 52. Olympiade, im Jahr 570 v. Chr.

Im Londoner »Marmor Parium« (Ep. 36), einer auf Grundlage verschiedener Geschichtswerke verfaßten antiken Chronik, steht zu lesen: »Seit Sappho, aus Mytilene verbannt, nach Sizilien fuhr … 603 bis 595 v. Chr.« Wenn Sappho tatsächlich etwa zwanzig war, als sie ins Exil ging, mag sie um 625 v. Chr. geboren sein, etwa zur Zeit der 39. Olympiade. Die erste Olympiade fand im Sommer 776 v. Chr. statt, und die Spiele wurden alle vier oder fünf Jahre ausgetragen.

Ob der verhaßte »Schlichter« Pittakos, der Beherrscher der Insel, Sappho nach ihrer Rückkehr aus Sizilien in Ehren wieder aufnahm, ist nicht bezeugt, doch sein Ausspruch »Verzeihen ist besser als vergelten!« könnte ein Hinweis in dieser Richtung sein (Papyrus Oxyrhynchus, 1234, I. B.). Pittakos war zusammen mit Alkaios und dessen Brüdern in eine Verschwörung gegen den Tyrannen Myrsilos von Mytilene verwickelt, die Erhebung wurde entdeckt, Alkaios floh nach Pyrrha. Pittakos jedoch wußte sich mit Myrsilos zu arrangieren und wurde nach dessen Tod zum »Schlichter« gewählt; Sappho und ihre Familie schickte er ins Exil nach Sizilien. Unklar ist, ob ihre Rückkehr erst nach der Amtsniederlegung des Pittakos, zehn Jahre später, erfolgte.

Sokrates (in Platons »Phaidros« 235 b) glaubte sein Wissen um die Liebe durch den würdigen Vortrag und die erlesenen Lieder Sapphos empfangen zu haben: »Sicher aber habe ich es von einigen vernommen, etwa von der anmutigen, schönen und weisen Sappho …« Von Platon (427–347 v. Chr.; »Anthologia Graeca« IX 506) stammt auch das berühmte und eingangs erwähnte Epigramm: »Manche sagen, es gäbe neun Musen. Sie vergessen Sappho von Lesbos: Sie ist die zehnte.«

Älian (2. Jh. n. Chr.; »Bunte Geschichten« XII 19) berichtet: »Die Dichterin Sappho, die Tochter des Skamandronymos, wird von Platon, dem Sohn des Ariston, als gut und schön beschrieben. Ich selbst habe gehört, daß es auf Lesbos noch eine andere Sappho gegeben habe, eine Hetäre, nicht die Dichterin ...« Im gleichen Werk (XII 18) unterbreitet Älian seinen Lesern den Klatsch um die unerwiderte Liebe Sapphos zum Fährmann Phaon; darüber hinaus berichtet er (XIII 33) von der großen Schönheit der ägyptischen Hetäre Rhodopis: Allein beim Anblick ihres zierlichen Pantoffels wurden Männer von unsterblicher Liebe zu ihr erfüllt.

Herodot (485–425 v. Chr.) nun erzählt in seinem »Geschichtswerk« (II 134 f.) die ganze Lebensgeschichte der Doricha, die unter dem Namen »Rhodopis« in Ägypten eine berühmte Kurtisane wurde, und fährt fort: »Nach Ägypten kam Rhodopis mit Xanthos von Samos, der sie mitnahm, um Geschäfte mit ihr zu machen! Sie wurde dann aber von Charaxos, dem Sohn des Skamandronymos aus Mytilene, einem Bruder der Dichterin Sappho, für schweres Geld losgekauft. So wurde sie frei, blieb in Ägypten, tat, wie ihr beliebte, und verdiente sich, da sie eine berühmte Schönheit war, viel, viel Geld; das heißt für eine Rhodopis viel, aber noch lange nicht genug, um eine Pyramide davon zu bauen ... Charaxos aber, der Rhodopis aus dem Sklavendasein losgekauft hatte, wurde, als er nach Mytilene zurückkehrte, von Sappho in einem Lied boshaft verspottet.«

Anders ihr Verhältnis zum Bruder Larichos: Im zehnten Buch seines »Gelehrtenmahls« (X 424 e–425 c) vermerkt Athenaios von Naukratis: »Die schöne Sappho preist an vielen Stellen ihren Bruder Larichos als Weinschenken im Rathaus von Mytilene.«

Aristoteles (384–322 v. Chr., »Kunst der Rhetorik« 1398b) erinnert die Nachwelt daran: »Die Leute von Mytilene schätzten keinen Mann höher als Sappho. Ihr Andenken war ihnen stets teuer.«

Ovid (43 v. Chr.–17 n. Chr.) beschreibt Sappho in den »Liebesbriefen« (XV 31) als »klein, dunkelhäutig und unscheinbar.«

Cicero (106–43 v. Chr.) sah noch in Syrakus ihre von dem griechischen Bildhauer Silanion geschaffene Statue, er erwähnt sie in seiner Schrift »Gegen Verres« (II 4, 125).

Antipater von Sidon (»Anthologia Graeca« IX 66), ein Epigrammdichter aus Tyros vom Ende des 2. Jahrhunderts v. Chr., überliefert: »Erstaunen ergriff Mnemosyne, die Mutter der Musen, als sie Sapphos Lieder vernahm.« Er entwarf auch folgendes Epitaph für die Sängerin: »Hier liegt Sappho begraben / in äolischer Erde. / Unter den unsterblichen Musen / wird sie als die sterbliche Muse gefeiert. / Kypris und Eros zogen sie auf. / Wortgewalt flocht ihr den Kranz der unsterblichen Lieder, / Hellas zur Freude ...«

Im zweiten nachchristlichen Jahrhundert verfaßte der Apologet Tatianus, ein Syrer, seinen »Brief an die Griechen«, in dem er alles Griechentum mit seiner Mythologie, Poesie, Rhetorik und bildenden Kunst in schärfster Polemik verdammt (XXXIII 1–8): »Das alles ist wertlos und fördert die Unmoral!«

Auch Tatian erwähnt die Statue der Sappho (XXXIII 4): »... so hat Silanion die Hetäre Sappho in Erz gebildet«, und erklärt weiter (XXXIII 7): »Die Sappho war ein unzüchtiges, liebestolles Hurenweib, das seine eigene Wollust besang ...«

Im Gymnasium Zeuxippos in Byzantion, das unter Konstantin dem Großen mit antiken Statuen aus Griechenland reich geschmückt worden war, befand sich auch ein Abbild der Sappho, das Christodoros aus dem ägyptischen Koptos im 5. Jahrhundert mit folgenden Worten beschreibt (»Anthologia Graeca« II 69): »Still und in seliger Ruhe saß dort die pierische Biene, die Sängerin Sappho von Lesbos. Sie webte, so schien es, ein herrliches Lied und hatte das Herz der schweigenden Musen erschlossen.«

Werk und Überlieferung

Die Dichterin Sappho hinterließ ein umfangreiches Werk; dreihundert Jahre nach ihrem Tod waren ihre Lieder in der berühmten Bibliothek des »Mouseion« zu Alexandria in Ägypten von den griechischen Philologen in einer Neun-Bücher-Ausgabe zusammengestellt. Die Zahl der Einzelverse wird auf 12 000 geschätzt. Die Gesamtausgabe ist nicht auf uns gekommen. Die rund 600 erhaltenen Zeilen entsprechen etwa dem zwanzigsten Teil ihrer Werke. Die »Suda« berichtet: Das erste Buch (Papyrusrolle) war 1320 Zeilen lang. Neun Bücher, davon eines mit Hochzeitsliedern, habe sie geschrieben, ca. 12 000 Zeilen (Oxyrhynchus Papyrus, 1231,56).

Beim Brand der alexandrinischen Bibliothek während der Eroberung der Stadt durch Caesar 48 v. Chr. werden die Bücher der Sappho ein Raub der Flammen.

Die scharfe Verurteilung der Dichterin durch den christlichen Apologeten Tatian in seinem »Brief an die Griechen« versinnbildlicht die Verdammung und die Ablehnung Sapphos und ihrer Werke durch die frühchristlichen Kleriker. Erst in der Renaissance entdeckten italienische Gelehrte bei der Erforschung der antiken Schriften das einzig vollständig erhaltene Gedicht Sapphos, die sogenannte »Anrufung der Aphrodite« in einem Essay des Longinus »Über das Erhabene«, ein weiteres, die »Ode an Atthis«, in der Abhandlung »Über dichterische Komposition« des Dionysios von Halikarnassos. Die beiden Lieder wurden erstmals im 16. Jahrhundert in England übertragen und publiziert. Die Liebe Sapphos zu Phaon, wie sie die Legende überliefert, diente als Muster für die Komödie »Sapho and Phao« von John Lilly, der sie 1584 vor der englischen Königin Elisabeth I. uraufführte.

Kölner Sappho-Papyrus PK 21351 + 21376r

Wir heutigen Leser sind auf wenige Fragmente der Sappho-Gedichte angewiesen, die sich zum einen als Zitate bei den antiken Autoren finden, zum anderen seit dem Beginn des 20. Jahrhunderts bis ins Jahr 2005 auf Papyrusblättern aus Ägypten wiederentdeckt wurden. Die Ausgrabungen der Archäologen auf dem antiken Friedhof von Oxyrhynchos, einem kleinen Ort im Fayum in Ägypten, förderten Mumiensärge zutage, die aus gepreßter Papyruskartonage hergestellt waren. Auf Tausenden zerrissener Fetzen wurde hier verlorene Literatur in Bruchstücken aufgefunden, darunter auch Fragmente von Sappholiedern.

Nach der ersten Sichtung dieser »Oxyrhynchus Papyri« unterbreitete Ernst Diehl in den Jahren 1922–25 in der »Anthologia lyrica Graeca« der Öffentlichkeit die neuen Funde.

J. M. Edmonds verfaßte 1928 seine erweiterte Abhandlung »Lyra Graeca, being the Greek lyric poets from Eumelus to Timotheus excepting Pindar«, die alle Verse Sapphos einschließlich der ägyptischen Fragmente vorstellte, darunter aber nur ein einziges vollständiges Lied, das »Gebet an Aphrodite« (vgl. 1LP/1D, S. 9).

1937 fand Medea Norsa das vollständige, sogenannte »Lied auf der Scherbe« (im vorliegenden Band 2LP/5,6D; S. 11): Ein Bewunderer Sapphos hatte mit ungelenker Hand das Gedicht in die Glasur einer Tonscherbe geritzt.

1955 erschien in Oxford »Poetarum Lesbiorum Fragmenta« mit einer Neuanordnung der Sappho-Fragmente von Edgar Lobel und Denys L. Page.

Im Sommer 2005 überraschte die Kölner Papyrus-Sammlung mit einem 2004 wiederentdeckten und als Sappho-Lied identifizierten Text, der, ganze zwölf Verse umfassend, auf der Kartonage einer Mumienmaske zum Vorschein kam (im vorliegenden Band: 58LP/65aD; P. Oxy. 1787 fr. 1 u. 2; S. 35). Es handelt sich um eine, in der Antike übrigens sehr beliebte, »Altersklage«. Das Original besteht aus sechs zweizeiligen Strophen, die nahezu im Rhythmus eines Tanzes, in wiegenden Schritten, gestaltet sind. Musik und Wort bilden hier eine künstlerische Einheit.

Die frühgriechische Lyrik kannte keine »Gedichte« im heutigen Sinn, sondern, und das besagt schon der Name, »Singverse«. Die harfenähnliche Lyra, deren sieben Saiten der Lesbier Terpandros über den Panzer der Schildkröte spannte, begleitete die gesungenen »Gedichte«, so wie der Aulos, ein oboenartiges Blasinstrument, etwa die Chorgesänge und Tänze. Denn ein privates, stilles Lesen von Gedichten wie wir es heutzutage pflegen, kannte man nicht. Wie stets in der Antike trug man laut vor: Lieder wurden »zu Gehör« gebracht, sie schenkten dem Ohr eine Melodie und den Augen eine Szenerie. Und so hatten »Singverse« auch ihren entsprechenden Rahmen und ihre jeweilige Situation: beim Gastmahl, dem ausgelassenen »Symposion« einer Männergesellschaft, bei Festen und Feiern, im Gottesdienst am Altar und in Prozessionen erklangen sie, waren einer geliebten Person, einem Hochzeitspaar oder den Göttern gewidmet.

Zur Metrik

Die äolischen Lieder fallen durch ihre reichen Variationsmöglichkeiten in Vers und Strophe auf. Typisch für ihre Metrik, ihr rhythmisches Versmaß, ist, daß zwischen zwei Längen einmal eine, ein andermal wieder zwei kurze Silben zu stehen kommen. Nach diesem Grundgesetz können lange Versgebilde ausgestaltet werden, bei Sappho bis zu Elf- und sogar Sechzehnsilblern. Damit eröffnen sich Variationsmöglichkeiten, die anderen Metren versagt bleiben. Der kürzeste Vers, der adonische Vers oder »Adonius«, erhielt seinen Namen aus der Verwendung als Schlußvers in den Liedern auf den Tod des Adonis: »Ô tón Adônin«. Er hat eine Länge, zwei kurze Silben, wieder eine Länge, und als Abschluß eine Silbe, die kurz oder lang sein kann.

Eine typische Sapphische Strophe besteht aus drei gleichgebauten Elfsilblern (Trochäen mit eingeschobenem Daktylus an dritter Stelle) und als Abschlußvers einen Fünfsilbler (Daktylus und Trochäus), den »Adonius«. Diese eingängigen Metren, angewandt und in Einklang gebracht mit dem würdevollen, archaischen Dialekt des Äolischen, hat Sappho die anmutigsten Verse der griechischen Sprache erschaffen lassen. War die Lyrik ihrer Vorgänger und auch Zeitgenossen noch hoffnungslos rückwärts gewandt, hin zu den unseligen Verstrickungen der Götter- und Heroenmythen, so eröffnet Sappho, indem sie uns in den intimen Kreis ihrer Freundinnen einlädt und ihre Gefühle offen zum Ausdruck bringt, als erste den Menschen einen neuen, hoffnungsvollen Blick in die Zukunft.

Wir heutigen Leser sollten uns bei der Lektüre der Lieder und Strophen Sapphos von der unausgesprochenen Vorstellung freimachen, nach der alles Frühere nur als Vorform des Späteren betrachtet wird. Ezra Pound meinte: »Willst du den Inbegriff der Sache, geh zu Sappho ...« Ihre Lieder gehören für alle Zeiten zur Weltliteratur.

ALPHABETISCHES VERZEICHNIS DER GEDICHTANFÄNGE UND DIE LP- UND D-NUMERIERUNGEN

Die vorliegende Ausgabe folgt – soweit das möglich ist – der Zuordnung der einzelnen Lieder nach ihrem Versmaß in Bücher, wie sie die antike Philologie schon vorgenommen hat und wie sie in einzelnen Papyri durch die Angabe des jeweiligen Buches zu rekonstruieren ist. Textgrundlage und Numerierung der einzelnen Lieder werden zur besseren Auffindbarkeit unten angeführt nach der Ausgabe: Poetarum Lesbiorum Fragmenta, ed. Edgar Lobel et Denys Page, Oxford 1955 (corr. 1963); abgekürzt: LP. Ergänzend werden auch die Nummern der Zählung der Ausgabe von Ernst Diehl angeführt: Anthologia Lyrica Graeca, ed. Ernestus Diehl, Teubner: Leipzig, 1922–1925, ²1936–1942, fasc. 1–3 ³1949–1952; abgekürzt: D.